Polite Expressions

Hello — ہیلو

Hello, how are you?

ہیلو، کیسے ہو؟

Goodbye — الوداع

Goodbye, see you tomorrow.

خدا حافظ، کل ملتے ہیں۔

Good morning — صبح بخیر

Good morning, how was your night?

صبح بخیر، رات کیسی گزری؟

Good afternoon — سہ پہر بخیر

Good afternoon, I hope you have a good day.

شام بخیر، امید ہے آپ کا دن اچھا گزرے گا۔

Good night — شب بخیر

Good night, rest well.

شب بخیر، آرام سے سوئیں۔

Please — براہ کرم

Please, can you help me with this?

براہ کرم، کیا آپ میری مدد کرسکتے ہیں؟

Polite Expressions

Please — براہ کرم

Please, can you help me with this?

براہ کرم، کیا آپ میری مدد کرسکتے ہیں؟

Thank you — شکریہ

Thank you for your help.

آپ کی مدد کا شکریہ۔

Thank you very much — بہت شکریہ

Thank you very much for the gift.

تحفہ دینے کے لئے بہت شکریہ۔

You're welcome — کوئی بات نہیں

You're welcome, it was a pleasure to help you.

کوئی بات نہیں، آپ کی مدد کرنا خوشی کی بات تھی۔

Sorry — معاف کیجیے

Excuse me, I didn't mean to.

معاف کیجئے، یہ میری نیت نہیں تھی۔

Excuse me — معاف کیجیے

Excuse me, could you tell me the time?

معاف کیجئے، کیا آپ وقت بتا سکتے ہیں؟

Basic Questions

Excuse me — معاف کیجیے

Excuse me, could you tell me the time?

معاف کیجئے، کیا آپ وقت بتا سکتے ہیں؟

I am sorry — مجھے افسوس ہے

I'm sorry, I didn't know it bothered you.

معذرت چاہتا ہوں، مجھے معلوم نہیں تھا کہ آپ کو یہ پریشان کرے گا۔

How are you? — آپ کیسے ہیں؟

How are you? I hope you're well.

کیسے ہو؟ امید ہے کہ سب اچھا ہوگا۔

How are you? (formal) — آپ کیسے ہیں؟

How are you, Mrs. López?

آپ کیسے ہیں، محترمہ لوپیز؟

How's it going? — کیا حال ہے؟

How's it going today?

آپ کا دن کیسا گزرا؟

What's up? — کیا ہو رہا ہے؟

What's up? Everything good?

کیا ہو رہا ہے؟ سب ٹھیک ہے؟

Color

What's up? — کیا ہو رہا ہے؟

What's up? Everything good?

کیا ہو رہا ہے؟ سب ٹھیک ہے؟

What is your name? — آپ کا نام کیا ہے؟

What's your name? I'm Ana.

تمہارا نام کیا ہے؟ میرا نام آنا ہے۔

Where are you from? — آپ کہاں سے ہیں؟

Where are you from? I'm from Mexico.

آپ کہاں سے ہیں؟ میں میکسیکو سے ہوں۔

Do you speak Spanish? — کیا آپ ہسپانوی بولتے ہیں؟

Do you speak Spanish or do you prefer English?

کیا آپ ہسپانوی بولتے ہیں یا انگریزی پسند کرتے ہیں؟

How old are you? — آپ کی عمر کتنی ہے؟

How old are you? I'm twenty.

آپ کی عمر کیا ہے؟ میری عمر بیس سال ہے۔

White — سفید

My t-shirt is white.

میری قمیض سفید ہے۔

Color

White — سفید

My t-shirt is white.

میری قمیض سفید ہے۔

Black — کالا

The black cat is on the chair.

کالا بلی کرسی پر ہے۔

Red — سرخ

I have a red car.

میرے پاس ایک لال گاڑی ہے۔

Green — سبز

I like green tea.

مجھے سبز چائے پسند ہے۔

Blue — نیلا

The sky is blue today.

آج آسمان نیلا ہے۔

Yellow — پیلا

The yellow flower is pretty.

پیلا پھول خوبصورت ہے۔

Color

Yellow — پیلا

The yellow flower is pretty.

پیلا پھول خوبصورت ہے۔

Orange — نارنجی

The orange is orange.

نارنجی رنگ کا ہے۔

Pink — گلابی

My room is pink.

میرا کمرہ گلابی رنگ کا ہے۔

Gray — سرمئی

The gray dog is very calm.

بھورا کتا بہت پرسکون ہے۔

Brown — بھورا

I have a brown jacket.

میرے پاس بھورا جیکٹ ہے۔

Purple — جامنی

The grapes are purple.

انگور جامنی ہیں۔

Responses

Purple — جامنی

The grapes are purple.

انگور جامنی ہیں۔

Beige — بیج

I like the beige sofa.

مجھے بیج رنگ کا صوفہ پسند ہے۔

Gold — سنہری

The gold ring is expensive.

سونے کی انگوٹھی مہنگی ہے۔

Silver — چاندی

The silver watch is elegant.

چاندی کی گھڑی خوبصورت ہے۔

Fine, thank you — ٹھیک ہوں، شکریہ

Fine, thank you, and you?

ٹھیک، شکریہ، اور آپ؟

Very well — بہت اچھا

Very well, everything is fine.

بہت اچھا، سب کچھ ٹھیک ہے۔

Responses

Very well — بہت اچھا

Very well, everything is fine.

بہت اچھا، سب کچھ ٹھیک ہے۔

Bad — برا

Today I feel bad, I need to rest.

آج میں ٹھیک محسوس نہیں کر رہا، مجھے آرام کی ضرورت ہے۔

So-so — بس گزارا ہے

I'm so-so it wasn't a great day.

ٹھیک ہوں، آج اچھا دن نہیں گزرا۔

Nice to meet you — آپ سے مل کر خوشی ہوئی

Nice to meet you, I hope to see you again.

آپ سے مل کر خوشی ہوئی، امید ہے دوبارہ ملیں گے۔

Pleased to meet you — خوش ہوا / ہوئی

Nice to meet you, Mr. Pérez.

جناب پیرز سے مل کر خوشی ہوئی۔

I am from… — میں ... سے ہوں

I am from Spain, from a small town.

میں اسپین سے ہوں، ایک چھوٹے سے شہر سے۔

Farewells

I am from… میں ... سے ہوں  I am from Spain, from a small town. میں اسپین سے ہوں، ایک چھوٹے سے شہر سے۔	My name is… میرا نام ہے...  My name is Carlos, and yours? میرا نام کارلوس ہے، اور آپ؟
I am… years old میری عمر... سال ہے  I am twenty years old, and you? میری عمر بیس سال ہے، اور آپ؟	See you later پھر ملیں گے  See you later, take care. بعد میں ملیں گے، خیال رکھنا۔
See you soon جلد ملیں گے  See you soon, I hope to see you! جلد ملیں گے، امید ہے آپ سے ملاقات ہوگی!	See you tomorrow کل ملیں گے  See you tomorrow, rest well. کل ملاقات ہوگی، آرام کریں۔

Common Phrases

See you tomorrow	کل ملیں گے

See you tomorrow, rest well.

کل ملاقات ہوگی، آرام کریں۔

See you	ملاقات ہوگی

See you at the meeting.

ملاقات ہوگی اجلاس میں۔

Bye	الوداع

Bye, we'll talk later.

خدا حافظ، بعد میں بات کریں گے۔

Where is…?	کہاں ہے…؟

Where is the train station?

ٹرین اسٹیشن کہاں ہے؟

What is this?	یہ کیا ہے؟

What is this? I've never seen it before.

یہ کیا ہے؟ پہلے کبھی نہیں دیکھا۔

I don't understand	مجھے سمجھ نہیں آیا

I don't understand, can you explain it again?

مجھے سمجھ نہیں آرہی، کیا آپ دوبارہ سمجھا سکتے ہیں؟

Common Phrases

I don't understand — مجھے سمجھ نہیں آیا

I don't understand, can you explain it again?

مجھے سمجھ نہیں آرہی، کیا آپ دوبارہ سمجھا سکتے ہیں؟

I don't know — مجھے نہیں معلوم

I don't know the answer to that question.

اس سوال کا جواب مجھے نہیں معلوم۔

Can you help me? — کیا آپ میری مدد کرسکتے ہیں؟

Can you help me with this task?

کیا آپ میری اس کام میں مدد کر سکتے ہیں؟

Of course — ضرور

Of course, tell me what you need.

ضرور، بتائیں کہ آپ کو کیا چاہئے۔

It doesn't matter — کوئی بات نہیں

It doesn't matter, we can try later.

کوئی بات نہیں، ہم بعد میں کوشش کر سکتے ہیں۔

It's okay — ٹھیک ہے

It's okay, no problem.

ٹھیک ہے، کوئی مسئلہ نہیں۔

Basic Personal Information

It's okay — ٹھیک ہے

It's okay, no problem.

ٹھیک ہے، کوئی مسئلہ نہیں۔

May I…? — کیا میں…؟

Can I use your phone?

کیا میں آپ کا فون استعمال کر سکتا ہوں؟

Yes — جی ہاں

Yes, you can take it.

جی، آپ لے سکتے ہیں۔

No — نہیں

No, I can't right now.

نہیں، ابھی نہیں کر سکتا۔

First name — نام

What is your name?

آپ کا نام کیا ہے؟

Last name — خاندانی نام

What is your last name?

آپ کا خاندانی نام کیا ہے؟

Basic Personal Information

Last name — خاندانی نام  What is your last name? آپ کا خاندانی نام کیا ہے؟	**Age** — عمر  What is your age? آپ کی عمر کیا ہے؟
Nationality — قومیت  What is your nationality? آپ کی قومیت کیا ہے؟	**Place of birth** — جائے پیدائش  Place of birth? I'm from Peru. جائے پیدائش؟ میں پیرو سے ہوں۔
Date of birth — تاریخ پیدائش  What is your date of birth? آپ کی تاریخ پیدائش کیا ہے؟	**Marital status** — ازدواجی حیثیت  What is your marital status? آپ کی ازدواجی حیثیت کیا ہے؟

Basic Personal Information

Marital status   ازدواجی حیثیت

What is your marital status?

آپ کی ازدواجی حیثیت کیا ہے؟

Single   غیر شادی شدہ

I am single and live alone.

میں غیر شادی شدہ ہوں اور اکیلی رہتی ہوں۔

Married   شادی شدہ

He is married and has children.

وہ شادی شدہ ہے اور اس کے بچے ہیں۔

Divorced   طلاق یافتہ

She has been divorced for a year.

وہ ایک سال سے طلاق یافتہ ہے۔

Widowed   بیوہ/رنڈوا

My grandfather has been widowed for years.

میرے دادا کئی سال سے بیوہ ہیں۔

Profession   پیشہ

What is your profession? I'm a doctor.

آپ کا پیشہ کیا ہے؟ میں ڈاکٹر ہوں۔

Contact Information

Profession — پیشہ

What is your profession? I'm a doctor.

آپ کا پیشہ کیا ہے؟ میں ڈاکٹر ہوں۔

Occupation — پیشہ ورانہ مصروفیات

What is your current occupation?

آپ کا موجودہ پیشہ کیا ہے؟

Gender — جنس

Gender? Male or female.

جنس؟ مرد یا عورت؟

Man — مرد

He is a very kind man.

وہ بہت مہربان آدمی ہے۔

Woman — عورت

She is an independent woman.

وہ ایک آزاد عورت ہے۔

Address — پتہ

What is your address?

آپ کا پتہ کیا ہے؟

Contact Information

Address — پتہ

What is your address?

آپ کا پتہ کیا ہے؟

Phone — ٹیلیفون

Can you give me your phone number?

کیا آپ مجھے اپنا فون دیں گے؟

Mobile — موبائل

Do you have a cell phone to contact you?

آپ کے پاس رابطے کے لئے موبائل ہے؟

Email — ای میل

What is your email?

آپ کا ای میل کیا ہے؟

Postal code — ڈاک کا کوڈ

What is your area's postal code?

آپ کے علاقے کا پوسٹل کوڈ کیا ہے؟

City — شہر

I live in a very big city.

میں ایک بہت بڑے شہر میں رہتا ہوں۔

Languages and Nationalities

City   شہر

I live in a very big city.

میں ایک بہت بڑے شہر میں رہتا ہوں۔

Country   ملک

What country are you from?

آپ کس ملک سے ہیں؟

Province   صوبہ

The province is very peaceful.

صوبہ بہت پرسکون ہے۔

Neighborhood   محلہ

My neighborhood is very cozy.

میرا محلہ بہت آرام دہ ہے۔

Language   زبان

What language do you speak?

آپ کون سی زبان بولتے ہیں؟

Native language   مادری زبان

My mother tongue is Spanish.

میری مادری زبان ہسپانوی ہے۔

Languages and Nationalities

Native language — مادری زبان

My mother tongue is Spanish.

میری مادری زبان ہسپانوی ہے۔

To speak — بولنا

I enjoy speaking multiple languages.

مجھے کئی زبانیں بولنا پسند ہے۔

To understand — سمجھنا

Can you understand what I'm saying?

کیا آپ سمجھ سکتے ہیں کہ میں کیا کہہ رہا ہوں؟

Spanish — ہسپانوی

I speak Spanish fluently.

میں ہسپانوی روانی سے بولتا ہوں۔

English — انگریزی

I am studying English at school.

میں اسکول میں انگریزی پڑھ رہا ہوں۔

French — فرانسیسی

She knows how to speak French very well.

وہ فرانسیسی بہت اچھی بولتی ہے۔

Languages and Nationalities

French — فرانسیسی

She knows how to speak French very well.

وہ فرانسیسی بہت اچھی بولتی ہے۔

German — جرمن

My grandfather learned German in his youth.

میرے دادا نے جوانی میں جرمن سیکھی۔

Chinese — چینی

I'm learning Chinese, it's interesting!

!میں چینی زبان سیکھ رہا ہوں، یہ دلچسپ ہے

Italian — اطالوی

I'd love to travel to Italy and practice Italian.

میں اٹلی جانا اور اطالوی بولنا پسند کروں گا۔

Russian — روسی

He is studying Russian for his job.

وہ اپنے کام کے لئے روسی سیکھ رہا ہے۔

Japanese — جاپانی

Japanese is a complex but fascinating language.

جاپانی ایک پیچیدہ لیکن دلچسپ زبان ہے۔

Family Members

Japanese — جاپانی

Japanese is a complex but fascinating language.

جاپانی ایک پیچیدہ لیکن دلچسپ زبان ہے۔

Parents — والدین

My parents live in the countryside.

میرے والدین دیہی علاقے میں رہتے ہیں۔

Mother — ماں

My mother is very caring.

میری والدہ بہت محبت کرنے والی ہیں۔

Father — والد

My father works in a factory.

میرے والد ایک فیکٹری میں کام کرتے ہیں۔

Brother/Sister — بھائی/بہن

I have a brother and a sister.

میرے ایک بھائی اور ایک بہن ہے۔

Son/Daughter — بیٹا/بیٹی

Their son is very intelligent.

اس کا بیٹا بہت ذہین ہے۔

Physical Description and Characteristics

Son/Daughter — بیٹا/بیٹی

Their son is very intelligent.

اس کا بیٹا بہت ذہین ہے۔

Husband/Wife — شوہر/بیوی

Their daughter wants to be a doctor.

اس کی بیٹی ڈاکٹر بننا چاہتی ہے۔

Boyfriend/Girlfriend — بوائے فرینڈ/گرل فرینڈ

My husband is very funny.

میرے شوہر بہت مزاحیہ ہیں۔

Friend — دوست

My girlfriend is very kind.

میری دوست بہت مہربان ہے۔

Height — قد

What is your height?

آپ کا قد کیا ہے؟

Weight — وزن

I need to know your weight for the record.

رجسٹریشن کے لیے مجھے آپ کا وزن معلوم کرنا ہے۔

Common Verbs Related to Personal Information

Weight — وزن

I need to know your weight for the record.

رجسٹریشن کے لیے مجھے آپ کا وزن معلوم کرنا ہے۔

Eye color — آنکھوں کا رنگ

Her eye color is blue.

اس کی آنکھیں نیلی ہیں۔

Hair color — بالوں کا رنگ

My brother's hair color is brown.

میرے بھائی کے بال بھورے ہیں۔

Age — عمر

What is your current age?

آپ کی موجودہ عمر کیا ہے؟

Date of birth — تاریخ پیدائش

My date of birth is April 10.

میری تاریخ پیدائش 10 اپریل ہے۔

To be called — کہلانا

I am called Ana, and I am from Chile.

میرا نام آنا ہے اور میں چلی سے ہوں۔

Common Verbs Related to Personal Information

To be called   کہلانا

I am called Ana, and I am from Chile.

میرا نام آنا ہے اور میں چلی سے ہوں۔

To be   ہونا

She is a professor at the university.

وہ یونیورسٹی میں پروفیسر ہیں۔

To have   رکھنا

I am twenty years old.

میری عمر بیس سال ہے۔

To live   رہنا

I live in a small city.

میں ایک چھوٹے شہر میں رہتا ہوں۔

To study   پڑھنا

I am studying medicine at the university.

میں یونیورسٹی میں میڈیسن کی تعلیم حاصل کر رہا ہوں۔

To work   کام کرنا

I work in an office downtown.

میں شہر کے مرکز میں ایک دفتر میں کام کرتا ہوں۔

Core Family Members

To work کام کرنا

I work in an office downtown.

میں شہر کے مرکز میں ایک دفتر میں کام کرتا ہوں۔

Family خاندان

My family is very close-knit.

میرا خاندان بہت متحد ہے۔

Father والد

My father is an engineer.

میرے والد انجینئر ہیں۔

Mother ماں

My mother cooks very well.

میری والدہ بہت اچھا پکاتی ہیں۔

Parents والدین

My parents support me in everything.

میرے والدین ہر چیز میں میری حمایت کرتے ہیں۔

Brother بھائی

My brother plays soccer.

میرا بھائی فٹ بال کھیلتا ہے۔

Extended Family

Brother — بھائی

My brother plays soccer.

میرا بھائی فٹ بال کھیلتا ہے۔

Sister — بہن

My sister is younger than me.

میری بہن مجھ سے چھوٹی ہے۔

Son — بیٹا

Their son is in college.

اس کا بیٹا یونیورسٹی میں ہے۔

Daughter — بیٹی

Their daughter is very talented.

اس کی بیٹی بہت باصلاحیت ہے۔

Children — بچے

They have three children in total.

ان کے کل تین بچے ہیں۔

Grandfather — دادا / نانا

My grandfather lives with us.

میرے دادا ہمارے ساتھ رہتے ہیں۔

Extended Family

Grandfather — دادا / نانا

My grandfather lives with us.

میرے دادا ہمارے ساتھ رہتے ہیں۔

Grandmother — دادی / نانی

My grandmother is very caring.

میری دادی بہت محبت کرنے والی ہیں۔

Grandparents — دادا، دادی

My grandparents are visiting today.

میرے دادا دادی آج ملاقات کے لئے آ رہے ہیں۔

Grandson — پوتا / نواسہ

Their grandson is learning to read.

اس کا پوتا/نواسہ پڑھنا سیکھ رہا ہے۔

Granddaughter — پوتی / نواسی

Their granddaughter is very curious.

اس کی پوتی/نواسی بہت متجسس ہے۔

Grandchildren — پوتے / نواسے

They have three grandchildren in total.

ان کے کل تین پوتے/نواسے ہیں۔

Extended Family

Grandchildren پوتے / نواسے

They have three grandchildren in total.

ان کے کل تین پوتے/نواسے ہیں۔

Uncle چچا / ماموں

My uncle is my father's brother.

میرے چچا میرے والد کے بھائی ہیں۔

Aunt پھوپھی / خالہ

My aunt always tells me stories.

میری خالہ/پھوپھی ہمیشہ مجھے کہانیاں سناتی ہیں۔

Uncles and Aunts چچا، پھوپھی وغیرہ

My uncles live in another city.

میرے چچا ایک اور شہر میں رہتے ہیں۔

Nephew بھتیجا / بھانجا

My nephew is very funny.

میرا بھتیجا/بھانجا بہت مزاحیہ ہے۔

Niece بھتیجی / بھانجی

My niece excels at school.

میری بھتیجی/بھانجی اسکول میں بہترین ہے۔

Marital Status and Relationships

Niece — بھتیجی / بھانجی

My niece excels at school.

میری بھتیجی/بھانجی اسکول میں بہترین ہے۔

Nephews and Nieces — بھتیجے / بھانجے

I have several nephews and nieces.

میرے کئی بھتیجے اور بھتیجیاں ہیں۔

Cousin (male) — کزن (مرد)

My cousin and I are the same age.

میرا کزن اور میں ہم عمر ہیں۔

Cousin (female) — کزن (عورت)

My cousin (female) is studying law.

میری کزن لاء پڑھ رہی ہے۔

Cousins — کزنز

My cousins are like siblings to me.

میرے کزنز میرے لئے بھائیوں جیسے ہیں۔

Husband — شوہر

My husband is very understanding.

میرے شوہر بہت سمجھدار ہیں۔

Marital Status and Relationships

Husband — شوہر

My husband is very understanding.

میرے شوہر بہت سمجھدار ہیں۔

Wife — بیوی

My wife works as a doctor.

میری بیوی ڈاکٹر کے طور پر کام کرتی ہیں۔

Marriage — شادی

They have a happy marriage.

ان کا ایک خوشگوار ازدواجی تعلق ہے۔

Married — شادی شدہ

She has been married for five years.

وہ پانچ سال سے شادی شدہ ہیں۔

Single — غیر شادی شدہ

I am single and enjoy my independence.

میں اکیلا ہوں اور اپنی آزادی سے لطف اندوز ہوتا ہوں۔

Divorced — طلاق یافتہ

He is divorced but has a good relationship with his ex-wife.

وہ طلاق یافتہ ہیں مگر اپنی سابقہ بیوی کے ساتھ اچھے تعلقات رکھتے ہیں۔

Marital Status and Relationships

Divorced — طلاق یافتہ

He is divorced but has a good relationship with his ex-wife.

وہ طلاق یافتہ ہیں مگر اپنی سابقہ بیوی کے ساتھ اچھے تعلقات رکھتے ہیں۔

Separated — علیحدہ

They are temporarily separated.

وہ عارضی طور پر الگ ہیں۔

Widowed — بیوہ/رَنڈوا

My grandfather has been a widower for years.

میرے دادا کئی سال سے بیوہ ہیں۔

Boyfriend — بوائے فرینڈ

Her boyfriend is very caring and kind.

اس کا دوست بہت توجہ دینے والا اور مہربان ہے۔

Girlfriend — گرل فرینڈ

His girlfriend studies at the university.

اس کی گرل فرینڈ یونیورسٹی میں پڑھتی ہے۔

Partner — ساتھی

She and her partner have been together for three years.

وہ اور اس کا ساتھی تین سال سے ساتھ ہیں۔

Other Relationship Terms

Partner — ساتھی

She and her partner have been together for three years.

وہ اور اس کا ساتھی تین سال سے ساتھ ہیں۔

Friend (male) — دوست

My friend helps me with my studies.

میرا دوست میری پڑھائی میں میری مدد کرتا ہے۔

Friend (female) — سہیلی

My friend (female) and I go to the gym together.

میری دوست اور میں جم ساتھ جاتے ہیں۔

Friends — دوست

My friends are coming to visit me this weekend.

میرے دوست ہفتے کے آخر میں مجھ سے ملنے آتے ہیں۔

Acquaintance (male) — جاننے والا

He is just an acquaintance from work.

یہ صرف ایک کام کا جاننے والا ہے۔

Acquaintance (female) — جاننے والی

She is an acquaintance from college.

وہ یونیورسٹی سے ایک جاننے والی ہے۔

Other Relationship Terms

Acquaintance (female) — جاننے والی

She is an acquaintance from college.

وہ یونیورسٹی سے ایک جاننے والی ہے۔

Neighbor (male) — ہمسایہ

My neighbor is very kind and always says hello.

میرا پڑوسی بہت دوستانہ ہے اور ہمیشہ سلام کرتا ہے۔

Neighbor (female) — ہمسائی

My neighbor (female) and I share recipes.

میری پڑوسن اور میں کھانے کی ترکیبیں بانٹتے ہیں۔

Companion (male) — ساتھی (مرد)

My classmate helps me study.

میری کلاس کا ساتھی مجھے پڑھنے میں مدد کرتا ہے۔

Companion (female) — ساتھی (عورت)

My coworker (female) is very professional.

میری ساتھی کارکن بہت پیشہ ور ہے۔

People — لوگ

There are many people in the square today.

آج چوک میں بہت لوگ ہیں۔

Talking about Family Relations

People   لوگ

There are many people in the square today.

آج چوک میں بہت لوگ ہیں۔

Relatives   رشتہ دار

I have many relatives in different cities.

میرے کئی رشتہ دار مختلف شہروں میں ہیں۔

Stepbrother   سوتیلا بھائی

My stepbrother and I get along well.

میرے سوتیلے بھائی اور میں اچھے سے رہتے ہیں۔

Stepsister   سوتیلی بہن

My stepsister lives with her mother.

میری سوتیلی بہن اپنی ماں کے ساتھ رہتی ہے۔

Stepfather   سوتیلا باپ

My stepfather is very caring with me.

میرے سوتیلے والد مجھ سے بہت محبت کرتے ہیں۔

Stepmother   سوتیلی ماں

My stepmother always supports me in everything.

میری سوتیلی ماں ہمیشہ میری ہر چیز میں میرا ساتھ دیتی ہے۔

Numbers

Stepmother — سوتیلی ماں

My stepmother always supports me in everything.

میری سوتیلی ماں ہمیشہ میری ہر چیز میں میرا ساتھ دیتی ہے۔

Stepson — سوتیلا بیٹا

His stepson studies abroad.

اس کا سوتیلا بیٹا بیرون ملک تعلیم حاصل کر رہا ہے۔

Stepdaughter — سوتیلی بیٹی

Their stepdaughter comes to visit them on weekends.

ان کی سوتیلی بیٹی ہفتے کے آخر میں ان سے ملنے آتی ہے۔

One — ایک

I have one friend in Spain.

میرا ایک دوست اسپین میں ہے۔

Two — دو

I need two pencils for class.

مجھے کلاس کے لئے دو پنسلیں چاہئیں۔

Three — تین

There are three cats in the garden.

باغ میں تین بلیاں ہیں۔

Numbers

Three — تین

There are three cats in the garden.

باغ میں تین بلیاں ہیں۔

Four — چار

My sister is four years old.

میری بہن چار سال کی ہے۔

Five — پانچ

I bought five apples at the market.

میں نے مارکیٹ سے پانچ سیب خریدے ہیں۔

Six — چھ

The bus arrives in six minutes.

بس چھ منٹ میں پہنچے گی۔

Seven — سات

I have seven books to study.

میرے پاس پڑھنے کے لئے سات کتابیں ہیں۔

Eight — آٹھ

My class starts at eight.

میری کلاس آٹھ بجے شروع ہوتی ہے۔

Numbers

Eight آٹھ

My class starts at eight.

میری کلاس آٹھ بجے شروع ہوتی ہے۔

Nine نو

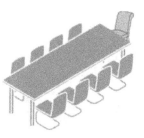

There are nine chairs in the room.

کمرے میں نو کرسیاں ہیں۔

Ten دس

We need ten more minutes.

ہمیں دس منٹ اور درکار ہیں۔

Eleven گیارہ

I have eleven books on my shelf.

میرے پاس شیلف پر گیارہ کتابیں ہیں۔

Twelve بارہ

She is twelve years old.

اس کی عمر بارہ سال ہے۔

Thirteen تیرہ

There are thirteen students in the class.

کلاس میں تیرہ طلباء ہیں۔

Numbers

Thirteen — تیرہ

There are thirteen students in the class.

کلاس میں تیرہ طلباء ہیں۔

Fourteen — چودہ

Today marks fourteen days of vacation.

آج ان کی چودہ دن کی چھٹی مکمل ہو رہی ہے۔

Fifteen — پندرہ

Fifteen people attended the meeting.

پندرہ افراد نے میٹنگ میں شرکت کی۔

Sixteen — سولہ

He lives in apartment sixteen.

وہ اپارٹمنٹ نمبر سولہ میں رہتا ہے۔

Seventeen — سترہ

I have seventeen assignments to do.

میرے پاس سترہ کام کرنے ہیں۔

Eighteen — اٹھارہ

The dog weighs eighteen kilos.

کتا اٹھارہ کلو وزنی ہے۔

Numbers

Eighteen اٹھارہ

The dog weighs eighteen kilos.

کتا اٹھارہ کلو وزنی ہے۔

Nineteen انیس

The house has nineteen windows.

گھر میں انیس کھڑکیاں ہیں۔

Twenty بیس

There were twenty people in line.

قطار میں بیس لوگ تھے۔

Twenty-one اکیس

I bought twenty-one pencils for class.

میں نے کلاس کے لئے اکیس پنسلیں خریدیں۔

Twenty-two بائیس

The game starts at twenty-two hours.

میچ بائیس گھنٹے پر شروع ہوتا ہے۔

Twenty-three تئیس

She has twenty-three plants in her garden.

اس کے باغ میں تیئس پودے ہیں۔

Numbers

Twenty-three تئیس

She has twenty-three plants in her garden.

اس کے باغ میں تیئس پودے ہیں۔

Twenty-four چوبیس

We meet at twenty-four hours.

ہم چوبیس گھنٹے پر ملتے ہیں۔

Twenty-five پچیس

Twenty-five people are on the list.

فہرست میں پچیس افراد ہیں۔

Twenty-six چھبیس

There are twenty-six books in the library.

لائبریری میں چھببیس کتابیں ہیں۔

Twenty-seven ستائیس

The box weighs twenty-seven kilos.

ڈبہ ستائیس کلو وزن رکھتا ہے۔

Twenty-eight اٹھائیس

The car is twenty-eight years old.

گاڑی اٹھائیس سال کی ہے۔

Numbers

Twenty-eight — اٹھائیس

The car is twenty-eight years old.

گاڑی اٹھائیس سال کی ہے۔

Twenty-nine — انتیس

Twenty-nine students arrived today.

آج انتیس طلباء آئے ہیں۔

Thirty — تیس

He will turn thirty next month.

وہ اگلے مہینے تیس سال کا ہو جائے گا۔

Forty — چالیس

I am forty years old.

میری عمر چالیس سال ہے۔

Fifty — پچاس

My dad is fifty years old.

میرے والد پچاس سال کے ہیں۔

Sixty — ساٹھ

There are sixty students in the class.

کلاس میں ساٹھ طلباء ہیں۔

Numbers

Sixty — ساٹھ

There are sixty students in the class.

کلاس میں ساٹھ طلباء ہیں۔

Seventy — ستر

The meeting starts at seventy hours.

میٹنگ ستر گھنٹے پر شروع ہوتی ہے۔

Eighty — اسی

The bus can carry eighty people.

بس اسی افراد لے جا سکتی ہے۔

Ninety — نوے

My grandfather will turn ninety next month.

میرے دادا اگلے مہینے نوے سال کے ہو جائیں گے۔

One hundred — سو

There are one hundred books in the library.

لائبریری میں سو کتابیں ہیں۔

Zero — صفر

The temperature today is zero degrees.

آج درجہ حرارت صفر ڈگری ہے۔

Days of the Week

Zero — صفر

The temperature today is zero degrees.

آج درجہ حرارت صفر ڈگری ہے۔

Monday — پیر

On Monday, I have an important meeting.

پیر کو میری ایک اہم ملاقات ہے۔

Tuesday — منگل

On Tuesday, there are yoga classes.

منگل کو یوگا کی کلاسیں ہیں۔

Wednesday — بدھ

Wednesday is the busiest day of the week.

بدھ ہفتے کا سب سے مصروف دن ہے۔

Thursday — جمعرات

On Thursday, we usually go to the movies.

جمعرات کو ہم عام طور پر سینما جاتے ہیں۔

Friday — جمعہ

Friday is the last workday.

جمعہ کام کا آخری دن ہے۔

Months of the Year

Friday — جمعہ

Friday is the last workday.

جمعہ کام کا آخری دن ہے۔

Saturday — ہفتہ

On Saturday, we go out for dinner.

ہفتے کو ہم کھانے پر باہر جاتے ہیں۔

Sunday — اتوار

On Sunday, we relax and spend time with family.

اتوار کو ہم آرام کرتے ہیں اور خاندان کے ساتھ وقت گزارتے ہیں۔

January — جنوری

January is the coldest month in many places.

جنوری بہت سے مقامات پر سب سے سرد مہینہ ہے۔

February — فروری

February has fewer days than other months.

فروری کے دن دوسرے مہینوں سے کم ہوتے ہیں۔

March — مارچ

Spring begins in March.

مارچ میں بہار شروع ہوتی ہے۔

Months of the Year

March — مارچ

Spring begins in March.

مارچ میں بہار شروع ہوتی ہے۔

April — اپریل

April brings many flowers with its rains.

اپریل اپنی بارشوں کے ساتھ بہت سے پھول لاتا ہے۔

May — مئی

May is perfect to enjoy the weather.

مئی موسم کا لطف اٹھانے کے لئے بہترین ہے۔

June — جون

June marks the start of summer.

جون گرمیوں کی شروعات کی نشانی ہے۔

July — جولائی

July is vacation month for many people.

جولائی بہت سے لوگوں کے لئے چھٹیوں کا مہینہ ہے۔

August — اگست

It is very hot in August.

اگست میں بہت گرمی ہوتی ہے۔

Months of the Year

August — اگست

It is very hot in August.

اگست میں بہت گرمی ہوتی ہے۔

September — ستمبر

September marks the beginning of autumn.

ستمبر موسم خزاں کے آغاز کی علامت ہے۔

October — اکتوبر

October is famous for Halloween.

اکتوبر ہالووین کے لئے مشہور ہے۔

November — نومبر

November is a month of celebrations.

نومبر تقریبات کا مہینہ ہے۔

December — دسمبر

December brings the Christmas spirit.

دسمبر کرسمس کی روح کو لاتا ہے۔

In the morning — صبح

I wake up early in the morning.

میں صبح جلدی اٹھتا ہوں۔

Fruits

In the morning   صبح

I wake up early in the morning.

میں صبح جلدی اٹھتا ہوں۔

In the afternoon   دوپہر

I work until five in the afternoon.

میں شام پانچ بجے تک کام کرتا ہوں۔

In the evening   رات

We have dinner together in the evening.

ہم رات کو اکٹھے کھانا کھاتے ہیں۔

Apple   سیب

I like to eat an apple every day.

مجھے ہر روز ایک سیب کھانا پسند ہے۔

Banana   کیلا

Bananas are rich in potassium.

کیلے پوٹاشیم سے بھرپور ہوتے ہیں۔

Orange   مالٹا

I drink orange juice at breakfast.

میں ناشتے میں سنتری کا جوس پیتا ہوں۔

Fruits

Orange — مالٹا

I drink orange juice at breakfast.

میں ناشتے میں سنتری کا جوس پیتا ہوں۔

Grapes — انگور

The grapes are fresh and sweet.

انگور تازہ اور میٹھے ہیں۔

Strawberry — اسٹرابیری

Strawberry is my favorite fruit.

اسٹرابیری میرا پسندیدہ پھل ہے۔

Melon — خربوزہ

In summer, we enjoy melon.

گرمیوں میں ہم خربوزے کا لطف اٹھاتے ہیں۔

Pineapple — انناس

Pineapple is perfect for tropical desserts.

انناس کا میٹھے کے لئے بہترین ہے۔

Watermelon — تربوز

Watermelon is refreshing on hot days.

تربوز گرم دنوں میں تازگی بخشتا ہے۔

Vegetables

Watermelon — تربوز

Watermelon is refreshing on hot days.

تربوز گرم دنوں میں تازگی بخشتا ہے۔

Lemon — لیموں

Lemon adds flavor to dishes.

لیموں کھانوں میں ذائقہ شامل کرتا ہے۔

Cherry — چیری

Cherries are in season in June.

جون میں چیری کا موسم ہوتا ہے۔

Pear — ناشپاتی

I prefer pears when they are ripe.

مجھے ناشپاتیاں پسند ہیں جب وہ اچھی طرح پکی ہوں۔

Carrot — گاجر

Carrot is good for eyesight.

گاجر نظر کے لئے اچھی ہے۔

Lettuce — سلاد پتہ

Lettuce is essential for a good salad.

سلاد کے لئے لیٹش ضروری ہے۔

Vegetables

Lettuce — سلاد پتہ

Lettuce is essential for a good salad.

سلاد کے لئے لیٹش ضروری ہے۔

Tomato — ٹماٹر

Tomato is a basic ingredient in many recipes.

ٹماٹر بہت سی ترکیبوں میں بنیادی جزو ہے۔

Onion — پیاز

Onion adds a lot of flavor to meals.

پیاز کھانوں کو بہت ذائقہ دیتا ہے۔

Potato — آلو

Potatoes can be cooked in many ways.

آلو کو بہت سے طریقوں سے پکایا جا سکتا ہے۔

Pepper — مرچ

Red pepper is my favorite in salads.

سلاد میں سرخ مرچ میری پسندیدہ ہے۔

Cucumber — کھیرا

Cucumber is refreshing in the summer.

کھیرا گرمیوں میں تازگی بخشتا ہے۔

Meats

Cucumber کھیرا

Cucumber is refreshing in the summer.

کھیرا گرمیوں میں تازگی بخشتا ہے۔

Garlic لہسن

Garlic is very aromatic and healthy.

لہسن بہت خوشبودار اور صحت بخش ہے۔

Zucchini توڑی

Zucchini is versatile in the kitchen.

زوچینی کچن میں بہت کارآمد ہے۔

Spinach پالک

Spinach is rich in iron.

پالک آئرن سے بھرپور ہے۔

Meat گوشت

Meat is an important source of protein.

گوشت پروٹین کا ایک اہم ذریعہ ہے۔

Chicken مرغی

I prefer grilled chicken.

مجھے گرلڈ چکن پسند ہے۔

Meats

Chicken — مرغی

I prefer grilled chicken.

مجھے گرلڈ چکن پسند ہے۔

Turkey — ترکی

Turkey is typical for Thanksgiving dinner.

ترکی شکریہ کے عشائیے میں عام ہے۔

Pork — سور کا گوشت

Pork is used in many traditional recipes.

سور کا گوشت بہت سی روایتی ترکیبوں میں استعمال ہوتا ہے۔

Beef — بچھڑے کا گوشت

Veal is very tender and delicious.

بچھڑے کا گوشت بہت نرم اور لذیذ ہوتا ہے۔

Lamb — بھیڑ کا گوشت

Lamb has a strong flavor.

بھیڑ کا گوشت مضبوط ذائقہ رکھتا ہے۔

Ham — ہیم

Serrano ham is popular in Spain.

ہسپانوی ہیم اسپین میں مقبول ہے۔

Fish and Seafood

Ham   ہیم

Serrano ham is popular in Spain.

ہسپانوی ہیم اسپین میں مقبول ہے۔

Sausage   سوسیج

Sausage is great for grilling.

ساسیج بھوننے کے لئے بہترین ہے۔

Fish   مچھلی

Fish is very healthy and nutritious.

مچھلی بہت صحت بخش اور غذائیت سے بھرپور ہے۔

Tuna   ٹونا

I like to eat tuna in salads.

مجھے سلاد میں ٹونا کھانا پسند ہے۔

Salmon   سالمن مچھلی

Salmon is rich in omega-3.

سالمون اومیگا 3 سے بھرپور ہوتا ہے۔

Squid   اسکویڈ

Squid is delicious when fried.

فرائیڈ اسکوئڈ مزیدار ہوتا ہے۔

Dairy Products

Squid اسکویڈ  Squid is delicious when fried. فرائیڈ اسکوئڈ مزیدار ہوتا ہے۔	**Shrimp** جھینگا  Shrimp is perfect for cocktails. جھینگے کوکٹیلز کے لئے بہترین ہیں۔
Octopus آکٹوپس  Galician-style octopus is a traditional dish. گلیشین طرز کا آکٹوپس ایک روایتی پکوان ہے۔	**Mussel** سیپ  Mussels are popular in seafood dishes. شیلفش سمندری غذا کی ڈشوں میں مقبول ہے۔
Milk دودھ  I like to drink milk at breakfast. مجھے ناشتے میں دودھ پینا پسند ہے۔	**Cheese** پنیر  Cheese is delicious in sandwiches. پنیر سینڈوچ میں مزیدار ہوتا ہے۔

Grains and Staples

Cheese   پنیر

Cheese is delicious in sandwiches.

پنیر سینڈوچ میں مزیدار ہوتا ہے۔

Yogurt   دہی

Yogurt is a healthy snack option.

دہی ناشتہ کے لئے ایک صحت بخش انتخاب ہے۔

Butter   مکھن

Butter is used for cooking and baking.

مکھن پکانے اور بیکنگ کے لئے استعمال ہوتا ہے۔

Cream   بالائی

Cream is perfect for making creamy sauces.

کریم کریمی ساس بنانے کے لئے بہترین ہے۔

Bread   روٹی

Freshly baked bread is delicious.

تازہ بیک کیا ہوا روٹی مزیدار ہے۔

Rice   چاول

Rice is a very versatile side dish.

چاول ایک بہت ہی ورسٹائل سائیڈ ڈش ہے۔

Grains and Staples

Rice   چاول

Rice is a very versatile side dish.

چاول ایک بہت ہی ورسٹائل سائیڈ ڈش ہے۔

Pasta   پاستا

Pasta is one of my favorite foods.

پاستا میری پسندیدہ کھانوں میں سے ایک ہے۔

Flour   آٹا

I need flour to make a cake.

مجھے کیک بنانے کے لئے آٹے کی ضرورت ہے۔

Sugar   چینی

Sugar is used to sweeten desserts.

میٹھے میں مٹھاس لانے کے لئے چینی استعمال ہوتی ہے۔

Salt   نمک

Salt enhances the flavor of foods.

نمک کھانوں کے ذائقے کو بڑھاتا ہے۔

Eggs   انڈے

Eggs are essential in many recipes.

انڈے بہت سی ترکیبوں میں ضروری ہوتے ہیں۔

Desserts and Sweets

Eggs   انڈے

Eggs are essential in many recipes.

انڈے بہت سی ترکیبوں میں ضروری ہوتے ہیں۔

Cake   کیک

I like to eat cake on my birthday.

مجھے اپنی سالگرہ پر کیک کھانا پسند ہے۔

Cookie   بسکٹ

Do you want a cookie with your coffee?

کیا آپ اپنی کافی کے ساتھ بسکٹ چاہتے ہیں؟

Ice Cream   آئس کریم

In summer, I always buy ice cream at the beach.

گرمیوں میں، میں ہمیشہ ساحل پر آئس کریم خریدتا ہوں۔

Chocolate   چاکلیٹ

Chocolate is my favorite dessert.

چاکلیٹ میری پسندیدہ مٹھائی ہے۔

Candy   ٹافی

Kids get candy on Halloween.

بچے ہالووین پر مٹھائی حاصل کرتے ہیں۔

Drinks

Candy — ٹافی

Kids get candy on Halloween.

بچے ہالووین پر مٹھائی حاصل کرتے ہیں۔

Water — پانی

I prefer to drink water when I'm thirsty.

مجھے پیاس لگی ہو تو پانی پینا پسند ہے۔

Sparkling Water — سوڈا واٹر

Do you want sparkling water or still water?

آپ کو گیس کے ساتھ یا بغیر پانی چاہیے؟

Coffee — کافی

I drink coffee every morning.

میں ہر صبح کافی پیتا ہوں۔

Tea — چائے

She prefers tea instead of coffee.

وہ کافی کے بجائے چائے پسند کرتی ہے۔

Milk — دودھ

Kids drink milk with breakfast.

بچے ناشتے میں دودھ پیتے ہیں۔

Other Common Foods

Milk   دودھ

Kids drink milk with breakfast.

بچے ناشتے میں دودھ پیتے ہیں۔

Juice   رس/جوس

I like orange juice in the mornings.

مجھے صبح میں سنتری کا رس پسند ہے۔

Soft Drink   سافٹ ڈرنک

I order a soft drink with my meal.

میں اپنے کھانے کے ساتھ ایک مشروب مانگتا ہوں۔

Wine   شراب

Red wine is popular at dinners.

رات کے کھانے میں سرخ شراب مقبول ہے۔

Beer   بیئر

They drink beer at the bar.

وہ بار میں بیئر پیتے ہیں۔

Pizza   پیزا

Today we are having pizza at home.

آج ہم گھر میں پیزا کھانے جا رہے ہیں۔

Other Common Foods

Pizza — پیزا

Today we are having pizza at home.

آج ہم گھر میں پیزا کھانے جا رہے ہیں۔

Hamburger — برگر

Do you want a cheeseburger?

کیا آپ پنیر کے ساتھ ایک برگر چاہتے ہیں؟

Salad — سلاد

The salad has tomato and lettuce.

سلاد میں ٹماٹر اور سلاد ہے۔

Soup — سوپ

In winter, I like to have hot soup.

سردیوں میں مجھے گرم سوپ پینا پسند ہے۔

Omelette — ٹورٹیلا

Potato omelet is typical in Spain.

ہسپانوی آلو آملیٹ اسپین میں عام ہے۔

Olive Oil — زیتون کا تیل

We cook with olive oil.

ہم زیتون کے تیل سے پکاتے ہیں۔

Essential Verbs for DELE A1

Olive Oil زیتون کا تیل

We cook with olive oil.

ہم زیتون کے تیل سے پکاتے ہیں۔

Vinegar سرکہ

Add a bit of vinegar to the salad.

سلاد میں تھوڑا سا سرکہ ڈالیں۔

Sauce چٹنی

The sauce is a bit spicy.

چٹنی تھوڑی سی مسالہ دار ہے۔

Honey شہد

I love tea with honey.

مجھے شہد کے ساتھ چائے پسند ہے۔

To be ssential/permanen ہونا

She is very nice.

وہ بہت خوش مزاج ہے۔

To be temporary/location) ہونا

I am happy today.

میں آج خوش ہوں۔

Essential Verbs for DELE A1

To be temporary/location ہونا	To have ہے
 I am happy today. میں آج خوش ہوں۔	 I have a cat at home. میرے پاس گھر میں ایک بلی ہے۔
To do / To make کرنا	To go جا رہا ہے
 I do my homework in the afternoon. میں شام میں ہوم ورک کرتا ہوں۔	 We go to the park every Sunday. ہم ہر اتوار پارک جاتے ہیں۔
To say کہنا	To see دیکھنا
 They say the food is delicious. وہ کہتے ہیں کہ کھانا مزیدار ہے۔	 Can you see the mountain from here? کیا آپ یہاں سے پہاڑ دیکھ سکتے ہیں؟

Additional Useful Verbs

To see — دیکھنا

Can you see the mountain from here?

کیا آپ یہاں سے پہاڑ دیکھ سکتے ہیں؟

To give — دینا

He gives me a gift every year.

وہ مجھے ہر سال ایک تحفہ دیتا ہے۔

To be able to / Can — کر سکتا ہے

She can sing very well.

وہ بہت اچھا گا سکتی ہے۔

To want — چاہنا

I want a chocolate ice cream.

مجھے چاکلیٹ آئس کریم چاہیے۔

To know (a fact) — جاننا

Do you know the answer to this question?

کیا آپ کو اس سوال کا جواب معلوم ہے؟

To know (a person/place) — پہچاننا

I want to meet your friends.

میں آپ کے دوستوں سے ملنا چاہتا ہوں۔

Additional Useful Verbs

To know (a person/place) — پہچاننا

I want to meet your friends.

میں آپ کے دوستوں سے ملنا چاہتا ہوں۔

To arrive — پہنچنا

We arrive at the station at five.

ہم پانچ بجے اسٹیشن پہنچتے ہیں۔

To pass / To spend (time) — گزرنا

Anything can happen in a second.

سب کچھ ایک سیکنڈ میں ہو سکتا ہے۔

To carry / To bring — لے جانا

I carry a heavy backpack to school.

میں اسکول میں ایک بھاری بیگ لے کر جاتا ہوں۔

To have to / Must — کرنا ہے

I must do my homework tonight.

مجھے آج رات اپنا ہوم ورک کرنا ہے۔

To put / To place — رکھنا

I put the keys on the table.

میں چابیاں میز پر رکھتا ہوں۔

Everyday Action Verbs

To put / To place — رکھنا

I put the keys on the table.

میں چابیاں میز پر رکھتا ہوں۔

To stay / To remain — رہنا

We are going to stay home today.

ہم آج گھر پر رہیں گے۔

To believe — یقین کرنا

She believes in good luck.

وہ اچھی قسمت پر یقین رکھتی ہے۔

To speak — بات کرنا

I speak Spanish with my friends.

میں اپنے دوستوں کے ساتھ ہسپانوی بولتا ہوں۔

To eat — کھانا

We are going to eat pizza tonight.

ہم آج رات پیزا کھانے جا رہے ہیں۔

To drink — پینا

I like to drink cold water in summer.

مجھے گرمیوں میں ٹھنڈا پانی پینا پسند ہے۔

Everyday Action Verbs

To drink   پینا

I like to drink cold water in summer.

مجھے گرمیوں میں ٹھنڈا پانی پینا پسند ہے۔

To live   جینا

I live in a house near the park.

میں پارک کے قریب ایک گھر میں رہتا ہوں۔

To work   کام کرنا

She works in an office.

وہ ایک دفتر میں کام کرتی ہے۔

To study   پڑھنا

I study Spanish every day.

میں ہر روز ہسپانوی پڑھتا ہوں۔

To write   لکھنا

I am writing a letter to my friend.

میں اپنی دوست کے لئے ایک خط لکھ رہا ہوں۔

To read   پڑھنا

I love to read adventure books.

مجھے مہماتی کتابیں پڑھنا پسند ہے۔

Daily Routine Verbs

To read   پڑھنا

I love to read adventure books.

مجھے مہماتی کتابیں پڑھنا پسند ہے۔

To listen   سننا

I listen to music in the mornings.

میں صبح میں موسیقی سنتا ہوں۔

To look at / To watch   دیکھنا

He watches TV with his family.

وہ اپنے خاندان کے ساتھ ٹی وی دیکھتا ہے۔

To open   کھولنا

Can you open the window, please?

براہ کرم، کیا آپ کھڑکی کھول سکتے ہیں؟

To close   بند کرنا

We need to close the door properly.

ہمیں دروازہ اچھی طرح بند کرنے کی ضرورت ہے۔

To wake up   جاگنا

I wake up at seven every day.

میں ہر روز سات بجے جاگتا ہوں۔

Daily Routine Verbs

To wake up جاگنا  I wake up at seven every day. میں ہر روز سات بجے جاگتا ہوں۔	**To get up** اٹھنا  After waking up, I get up right away. جاگنے کے بعد، میں فوراً اٹھتا ہوں۔
To shower نہانا  He showers in the morning. وہ صبح کے وقت شاور لیتا ہے۔	**To wash oneself** دھونا  I wash my hands before eating. کھانا کھانے سے پہلے میں ہاتھ دھوتا ہوں۔
To get dressed کپڑے پہننا  She gets dressed quickly to go to work. وہ کام پر جانے کے لئے جلدی کپڑے پہنتی ہے۔	**To have breakfast** ناشتہ کرنا  We have breakfast at home on Sundays. ہم اتوار کو گھر میں ناشتہ کرتے ہیں۔

Common Interaction Verbs

To have breakfast — ناشتہ کرنا

We have breakfast at home on Sundays.

ہم اتوار کو گھر میں ناشتہ کرتے ہیں۔

To have lunch — دوپہر کا کھانا

We have lunch at twelve in the cafeteria.

ہم بارہ بجے کیفے میں دوپہر کا کھانا کھاتے ہیں۔

To have dinner — رات کا کھانا

They have dinner together every night.

وہ ہر رات اکٹھے کھانا کھاتے ہیں۔

To go to bed — لیٹنا

I go to bed at ten at night.

میں رات دس بجے سونے جاتا ہوں۔

To sleep — سونا

The kids sleep eight hours every night.

بچے ہر رات آٹھ گھنٹے سوتے ہیں۔

To help — مدد کرنا

She always helps her friends.

وہ ہمیشہ اپنے دوستوں کی مدد کرتی ہے۔

Common Interaction Verbs

To help — مدد کرنا

She always helps her friends.

وہ ہمیشہ اپنے دوستوں کی مدد کرتی ہے۔

To ask — سوال کرنا

I am going to ask the teacher my question.

میں اپنے سوال کے بارے میں استاد سے پوچھوں گا۔

To answer — جواب دینا

He answers quickly when I call him.

وہ جلدی جواب دیتا ہے جب میں اسے کال کرتا ہوں۔

To search for — تلاش کرنا

I am looking for my keys all over the house.

میں پورے گھر میں اپنی چابیاں تلاش کر رہا ہوں۔

To find — ڈھونڈنا

In the end, I managed to find the book.

آخر کار، میں کتاب تلاش کرنے میں کامیاب ہوگیا۔

To wait — انتظار کرنا

We wait for the bus at the stop.

ہم بس اسٹاپ پر انتظار کر رہے ہیں۔

Other Useful Verbs

To wait — انتظار کرنا

We wait for the bus at the stop.

ہم بس اسٹاپ پر انتظار کر رہے ہیں۔

To call — بلانا

I call my mother every day.

میں روزانہ اپنی ماں کو کال کرتا ہوں۔

To think — سوچنا

She thinks the plan is a good idea.

وہ سمجھتی ہے کہ یہ منصوبہ ایک اچھا خیال ہے۔

To use — استعمال کرنا

I use my computer to study.

میں مطالعہ کے لئے اپنا کمپیوٹر استعمال کرتا ہوں۔

To like — پسند کرنا

I really like classical music.

مجھے کلاسیکی موسیقی بہت پسند ہے۔

To travel — سفر کرنا

They want to travel to Spain this summer.

وہ اس موسم گرما میں اسپین جانا چاہتے ہیں۔

Other Useful Verbs

To travel — سفر کرنا

They want to travel to Spain this summer.

وہ اس موسم گرما میں اسپین جانا چاہتے ہیں۔

To buy — خریدنا

I am going to buy a new shirt.

میں ایک نیا شرٹ خریدنے جا رہا ہوں۔

To sell — بیچنا

She sells her products at the market.

وہ اپنی مصنوعات بازار میں فروخت کرتی ہے۔

To enter — داخل ہونا

We enter the cinema before the movie starts.

ہم فلم شروع ہونے سے پہلے سنیما میں داخل ہوتے ہیں۔

To leave — باہر جانا

I leave home at eight every morning.

میں ہر صبح آٹھ بجے گھر سے نکلتا ہوں۔

To play — کھیلنا

The children play in the park every day.

بچے ہر روز پارک میں کھیلتے ہیں۔

Basic Adjectives

To play — کھیلنا

The children play in the park every day.

بچے ہر روز پارک میں کھیلتے ہیں۔

To need — ضرورت ہونا

I need help with the homework.

مجھے ہوم ورک میں مدد کی ضرورت ہے۔

To understand — سمجھنا

I don't understand today's lesson.

میں آج کا سبق نہیں سمجھتا۔

To learn — سیکھنا

I want to learn how to play the guitar.

میں گٹار بجانا سیکھنا چاہتا ہوں۔

Big — بڑا/ی

My house is very big and comfortable.

میرا گھر بہت بڑا اور آرام دہ ہے۔

Small — چھوٹا/ی

My friend's dog is small and playful.

میری دوست کا کتا چھوٹا اور شرارتی ہے۔

Basic Adjectives

Small چھوٹا/ی	Tall لمبا/ی
 My friend's dog is small and playful. میری دوست کا کتا چھوٹا اور شرارتی ہے۔	 She is very tall for her age. وہ اپنی عمر کے حساب سے بہت لمبی ہے۔
Short (height) چھوٹا/ی	Long لمبا/ی
 He is a bit short, but very strong. وہ تھوڑا سا چھوٹا ہے، لیکن بہت مضبوط ہے۔	 This river is long and beautiful. یہ دریا لمبا اور خوبصورت ہے۔
Short (length) چھوٹا/ی	New نیا/ی
 I need a short haircut. مجھے ایک چھوٹا ہیئر کٹ چاہیے۔	 I bought a new car yesterday. میں نے کل ایک نئی گاڑی خریدی۔

Describing People and Physical Traits

New   نیا/ی

I bought a new car yesterday.

میں نے کل ایک نئی گاڑی خریدی۔

Old   پرانا/ی

That building is very old and historic.

یہ عمارت بہت پرانی ہے اور اس کی تاریخ ہے۔

Fast   تیز/ی

The horse is fast when it runs.

گھوڑا دوڑتے وقت تیز ہوتا ہے۔

Slow   آہستہ/ی

The turtle is slow, but it moves forward.

کچھوا سست ہے، لیکن آگے بڑھتا ہے۔

Pretty   خوبصورت/ی

The city is very pretty in spring.

شہر موسم بہار میں بہت **خوبصورت** ہے۔

Ugly   بدصورت/ی

That building is a bit ugly and needs paint.

یہ عمارت تھوڑی سی بدصورت ہے اور اسے پینٹ کی ضرورت ہے۔

Describing People and Physical Traits

Ugly بدصورت/ی

That building is a bit ugly and needs paint.

یہ عمارت تھوڑی سی بدصورت ہے اور اسے پینٹ کی ضرورت ہے۔

ndsome/Good-look خوبرو/ی

My brother is very good-looking and friendly.

میرا بھائی بہت خوبصورت اور خوش مزاج ہے۔

Young جوان

She is young and full of energy.

وہ جوان اور توانائی سے بھرپور ہے۔

Old بوڑھا/ی

My grandfather is older, but very active.

میرے دادا بزرگ ہیں، لیکن بہت فعال ہیں۔

Thin دبلا/ی

My dog is thin and runs a lot.

میرا کتا پتلا ہے اور بہت دوڑتا ہے۔

Fat موٹا/ی

That cat is a bit fat.

یہ بلی تھوڑی سی موٹی ہے۔

Personality and Emotions

Fat — موٹا/ی

That cat is a bit fat.

یہ بلی تھوڑی سی موٹی ہے۔

Strong — مضبوط

He is strong and lifts a lot of weight.

وہ مضبوط ہے اور زیادہ وزن اٹھاتا ہے۔

Weak — کمزور/ی

She feels weak after the flu.

وہ فلو کے بعد کمزور محسوس کرتی ہے۔

Bald — گنجا/ی

My uncle has been bald since he was young.

میرے چچا جوانی سے ہی گنجے ہیں۔

Friendly — ہمدرد/ی

My neighbor is very nice and always smiles.

میری پڑوسن بہت خوش مزاج ہے اور ہمیشہ مسکراتی ہے۔

Unfriendly — ناپسندیدہ/ی

The waiter was a bit unfriendly today.

ویٹر آج تھوڑا سا بدتمیز تھا۔

Personality and Emotions

Unfriendly — ناپسندیدہ/ی

The waiter was a bit unfriendly today.

ویٹر آج تھوڑا سا بدتمیز تھا۔

Cheerful — خوش

She is very cheerful because it's her birthday.

وہ بہت خوش ہے کیونکہ آج اس کی سالگرہ ہے۔

Sad — اداس

He feels sad about the news.

وہ خبر کی وجہ سے غمگین محسوس کر رہا ہے۔

Happy — مطمئن/ی

I am happy because I finished my work.

میں خوش ہوں کیونکہ میں نے اپنا کام ختم کر لیا ہے۔

Serious — سنجیدہ/ی

My teacher is serious but fair.

میرا استاد سنجیدہ ہے، لیکن منصفانہ ہے۔

Fun/Funny — مزاحیہ/ی

The party was very fun last night.

کل رات پارٹی بہت مزے کی تھی۔

Conditions and States

Fun/Funny مزاحیہ/ی

The party was very fun last night.

کل رات پارٹی بہت مزے کی تھی۔

Shy شرمیلا/ی

She is shy and doesn’t talk much in class.

وہ شرمیلی ہے اور کلاس میں زیادہ نہیں بولتی۔

Sociable ملنسار

Juan is very sociable and has many friends.

جوان بہت ملنسار ہے اور اس کے بہت سے دوست ہیں۔

Kind مہربان

The lady at the market is very kind.

مارکیٹ کی خاتون بہت مہربان ہے۔

Bored بور/ی

The movie was a bit boring.

فلم تھوڑا سا بورنگ تھا۔

Tired تھکا ہوا/ی

I am tired after working all day.

میں سارا دن کام کرنے کے بعد تھکا ہوا ہوں۔

Conditions and States

Tired — تھکا ہوا/ی

I am tired after working all day.

میں سارا دن کام کرنے کے بعد تھکا ہوا ہوں۔

Sick — بیمار/ی

She is sick and can't come today.

وہ بیمار ہے اور آج نہیں آسکتی۔

Nervous — گھبراہٹ کا

I get nervous before an exam.

میں امتحان سے پہلے گھبرا جاتا ہوں۔

Worried — پریشان

I am worried about the result.

میں نتیجہ کے بارے میں فکر مند ہوں۔

Busy — مصروف/ی

She is busy and has no free time.

وہ مصروف ہے اور اس کے پاس فارغ وقت نہیں ہے۔

Free — آزاد

Are you free to go out this afternoon?

کیا آپ آج شام باہر جانے کے لئے آزاد ہیں؟

Quality and Quantity

Free — آزاد

Are you free to go out this afternoon?

کیا آپ آج شام باہر جانے کے لئے آزاد ہیں؟

Rich — امیر/ی

This cake is very tasty.

یہ کیک بہت مزیدار ہے۔

Poor — غریب

The family is poor but happy.

خاندان غریب ہے، لیکن خوش ہے۔

Healthy — صحت مند/ی

Eating fruit is good for staying healthy.

پھل کھانا صحت کے لئے اچھا ہے۔

Good — اچھا/ی

This book is very good, and I recommend it.

یہ کتاب بہت اچھی ہے اور میں اس کی سفارش کرتا ہوں۔

Bad — برا/ی

Eating too much sugar is bad for health.

زیادہ چینی کھانا صحت کے لئے نقصان دہ ہے۔

Quality and Quantity

Bad — برا/ی

Eating too much sugar is bad for health.

زیادہ چینی کھانا صحت کے لئے نقصان دہ ہے۔

Better — بہتر

This weather is better than yesterday's.

آج کا موسم کل کے مقابلے میں بہتر ہے۔

Worse — بدتر

Today the traffic is worse than ever.

آج ٹریفک پہلے سے زیادہ خراب ہے۔

Perfect — کامل/ی

The decoration turned out perfect for the party.

سجاوٹ پارٹی کے لئے بہترین رہی۔

Imperfect — ناقص/ی

The drawing is nice, though a bit imperfect.

ڈرائنگ خوبصورت ہے، اگرچہ تھوڑی سی نامکمل ہے۔

Much / A lot — زیادہ/ی

I have a lot of work to do this week.

اس ہفتے میرے پاس کرنے کے لئے بہت سا کام ہے۔

Temperature and Weather

Much / A lot زیادہ/ی

I have a lot of work to do this week.

اس ہفتے میرے پاس کرنے کے لئے بہت سا کام ہے۔

Little / Few تھوڑا/ی

There is little food in the fridge.

فرج میں تھوڑا سا کھانا ہے۔

Round گول/ی

The dining table is round.

ڈائننگ ٹیبل گول ہے۔

Square چوکور/ی

The gift came in a square box.

تحفہ ایک مربع ڈبے میں آیا۔

Rectangular مستطیل

I bought a rectangular rug for the living room.

میں نے لاؤنج کے لئے ایک مستطیل قالین خریدا۔

Hot گرم/ی

The coffee is very hot, be careful.

کافی بہت گرم ہے، احتیاط کریں۔

Other Common Adjectives

Hot — گرم/ی

The coffee is very hot, be careful.

کافی بہت گرم ہے، احتیاط کریں۔

Cold — سرد/ی

I prefer the cold winter weather.

میں سردیوں کے ٹھنڈے موسم کو پسند کرتا ہوں۔

Dry — خشک/ی

This place is dry it hardly rains.

یہ جگہ خشک ہے، بارش نہ ہونے کے برابر ہے۔

Humid — نم/ی

In summer, the weather here is very humid.

گرمیوں میں یہاں کا موسم بہت مرطوب ہے۔

Easy — آسان/ی

This task is easy, and I finish it quickly.

یہ کام آسان ہے اور میں جلدی ختم کر دیتا ہوں۔

Difficult — مشکل/ی

Learning a new language can be difficult.

نئی زبان سیکھنا مشکل ہو سکتا ہے۔

Other Common Adjectives

Difficult — مشکل/ی

Learning a new language can be difficult.

نئی زبان سیکھنا مشکل ہو سکتا ہے۔

Interesting — دلچسپ

This book is very interesting.

یہ کتاب بہت دلچسپ ہے۔

Important — اہم/ی

It is important to study for the exam.

امتحان کے لئے پڑھنا ضروری ہے۔

Famous — مشہور/ی

This singer is famous in many countries.

یہ گلوکار بہت سے ممالک میں مشہور ہے۔

Expensive — مہنگا/ی

That watch is very expensive.

یہ گھڑی بہت مہنگی ہے۔

Cheap — سستا/ی

I bought a cheap coat at the store.

میں نے دکان سے ایک سستا کوٹ خریدا۔

Place in the city

Cheap سستا/ی

I bought a cheap coat at the store.

میں نے دکان سے ایک سستا کوٹ خریدا۔

Dangerous خطرناک/ی

Driving without a seatbelt is dangerous.

سیٹ بیلٹ کے بغیر ڈرائیونگ کرنا خطرناک ہے۔

Safe محفوظ/ی

This neighborhood is safe and quiet.

یہ محلہ محفوظ اور پرسکون ہے۔

Normal معمولی

It's normal to feel tired after working.

کام کے بعد تھکن محسوس کرنا عام بات ہے۔

The city شہر

The city is big and lively.

شہر بڑا اور پرجوش ہے۔

The town گاؤں

My grandmother lives in a small town.

میری دادی ایک چھوٹے گاؤں میں رہتی ہیں۔

Place in the city

The town — گاؤں

My grandmother lives in a small town.

میری دادی ایک چھوٹے گاؤں میں رہتی ہیں۔

The street — سڑک

The main street is full of shops.

مرکزی سڑک دکانوں سے بھری ہوئی ہے۔

The square — چوک

We meet in the town square.

ہم گاؤں کے چوک پر ملتے ہیں۔

The park — پارک

Kids play in the park every day.

بچے ہر روز پارک میں کھیلتے ہیں۔

The museum — عجائب گھر

We visit the museum on the weekend.

ہم ہفتے کے آخر میں عجائب گھر کا دورہ کرتے ہیں۔

The restaurant — ریسٹورنٹ

I want to have dinner at a good restaurant.

میں ایک اچھے ریسٹورنٹ میں رات کا کھانا چاہتا ہوں۔

Place in the city

The restaurant — ریسٹورنٹ

I want to have dinner at a good restaurant.

میں ایک اچھے ریسٹورنٹ میں رات کا کھانا چاہتا ہوں۔

The café — کیفے

We have coffee at the café on the corner.

ہم کونے والے کیفے میں کافی پیتے ہیں۔

The store — دکان

The store is open until eight.

دکان آٹھ بجے تک کھلی ہے۔

The supermarket — سپر مارکیٹ

We go to the supermarket to buy food.

ہم کھانا خریدنے کے لئے سپر مارکیٹ جاتے ہیں۔

The market — مارکیٹ

The market has fresh products.

مارکیٹ میں تازہ مصنوعات ہیں۔

The pharmacy — فارمیسی

I need medicine from the pharmacy.

مجھے فارمیسی سے دوائی چاہیے۔

Place in the city

The pharmacy   فارمیسی

I need medicine from the pharmacy.

مجھے فارمیسی سے دوائی چاہیے۔

The bakery   بیکری

The bakery sells delicious bread.

بیکری مزیدار روٹی فروخت کرتی ہے۔

The butcher   قصائی کی دکان

We buy meat at the butcher shop.

ہم قصائی سے گوشت خریدتے ہیں۔

The fruit shop   پھل کی دکان

The fruit shop has fresh fruit.

فروٹ شاپ میں تازہ پھل ہیں۔

The school   اسکول

Children study at school.

بچے اسکول میں پڑھتے ہیں۔

The university   یونیورسٹی

My sister studies at the university.

میری بہن یونیورسٹی میں پڑھتی ہے۔

Place in the city

The university — یونیورسٹی

My sister studies at the university.

میری بہن یونیورسٹی میں پڑھتی ہے۔

The library — لائبریری

I like reading in the library.

مجھے لائبریری میں پڑھنا پسند ہے۔

The hospital — ہسپتال

The hospital is in the city center.

ہسپتال شہر کے مرکز میں ہے۔

Health center — صحت کا مرکز

The health center opens at seven.

ہیلتھ سینٹر سات بجے کھلتا ہے۔

Clinic — کلینک

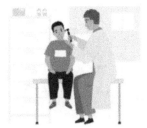

The clinic offers basic services.

کلینک بنیادی خدمات فراہم کرتا ہے۔

Train station — ریلوے اسٹیشن

The train station is nearby.

ٹرین اسٹیشن قریب ہے۔

Place in the city

Train station ریلوے اسٹیشن

The train station is nearby.

ٹرین اسٹیشن قریب ہے۔

Bus station بس اسٹیشن

We go to the bus station.

ہم بس اسٹیشن جا رہے ہیں۔

Airport ہوائی اڈہ

We take a flight at the airport.

ہم ائیرپورٹ سے پرواز لیتے ہیں۔

Post office ڈاک خانہ

I sent a letter from the post office.

میں نے ڈاک خانے سے ایک خط بھیجا۔

Police station تھانہ

The police station is near my house.

تھانہ میرے گھر کے قریب ہے۔

Bank بینک

We withdraw money at the bank.

ہم بینک سے پیسے نکالتے ہیں۔

Place in the city

Bank — بینک

We withdraw money at the bank.

ہم بینک سے پیسے نکالتے ہیں۔

Hotel — ہوٹل

We stay at a hotel in the center.

ہم شہر کے مرکز میں ایک ہوٹل میں رہے۔

Church — چرچ

We attend mass at the church.

ہم گرجا گھر میں دعا میں شرکت کرتے ہیں۔

Cathedral — گرجا

The cathedral is very old and beautiful.

کیتھیڈرل بہت پرانا اور خوبصورت ہے۔

Mosque — مسجد

We visit the mosque in the city.

ہم شہر میں مسجد کا دورہ کرتے ہیں۔

Temple — مندر

There is a Buddhist temple in the neighborhood.

محلے میں ایک بدھ مت کا مندر ہے۔

Place in the city

Temple — مندر

There is a Buddhist temple in the neighborhood.

محلے میں ایک بدھ مت کا مندر ہے۔

Cinema — سینما

We go to the cinema to watch a movie.

ہم فلم دیکھنے کے لئے سینما جاتے ہیں۔

Theater — تھیٹر

We enjoy a play at the theater.

ہم تھیٹر میں ایک ڈرامے سے لطف اندوز ہوتے ہیں۔

Gym — جمنازیم

I work out at the gym every day.

میں ہر روز جم میں ورزش کرتا ہوں۔

Swimming pool — سوئمنگ پول

The pool is open in summer.

سوئمنگ پول گرمیوں میں کھلا ہے۔

Stadium — اسٹیڈیم

The game is at the stadium.

میچ اسٹیڈیم میں ہے۔

Place in the city

Stadium — اسٹیڈیم

The game is at the stadium.

میچ اسٹیڈیم میں ہے۔

Shopping mall — شاپنگ مال

We go to the mall on Saturdays.

ہم ہر ہفتے شاپنگ مال جاتے ہیں۔

Gas station — پیٹرول پمپ

The gas station is on the corner.

پیٹرول اسٹیشن کونے پر ہے۔

Hair salon — نائی کی دکان

She goes to the hair salon once a month.

وہ مہینے میں ایک بار پارلر جاتی ہے۔

Laundry — لانڈری

I wash my clothes at the laundry.

میں اپنا کپڑا لانڈری میں دھوتا ہوں۔

Service station — سروس اسٹیشن

The service station offers coffee.

فیول اسٹیشن کافی پیش کرتا ہے۔

Place in the city

Service station   سروس اسٹیشن

The service station offers coffee.

فیول اسٹیشن کافی پیش کرتا ہے۔

Parking lot   پارکنگ

We leave the car in the parking lot.

ہم کار کو پارکنگ میں چھوڑ دیتے ہیں۔

Embassy   سفارتخانہ

The embassy is in the capital.

سفارت خانہ دارالحکومت میں ہے۔

Consulate   قونصلیٹ

I need to renew my passport at the consulate.

مجھے اپنا پاسپورٹ قونصل خانے میں تجدید کروانا ہے۔

Town hall   بلدیہ

The city hall organizes local events.

میونسپلٹی مقامی تقریبات کا اہتمام کرتی ہے۔

Bridge   پل

The bridge connects two cities.

پل دو شہروں کو جوڑتا ہے۔

Rooms and Spaces

Bridge   پل

The bridge connects two cities.

پل دو شہروں کو جوڑتا ہے۔

Zoo   چڑیا گھر

The zoo has many animals.

چڑیا گھر میں بہت سے جانور ہیں۔

Beach   ساحل

We spend the day at the beach.

ہم دن ساحل پر گزارتے ہیں۔

Port   بندرگاہ

The port is very busy with big ships.

بندرگاہ بہت متحرک ہے اور اس میں بڑے جہاز ہیں۔

House   گھر

My house is big and comfortable.

میرا گھر بڑا اور آرام دہ ہے۔

Apartment   اپارٹمنٹ

I live in an apartment downtown.

میں شہر کے مرکز میں ایک اپارٹمنٹ میں رہتا ہوں۔

Rooms and Spaces

Apartment — اپارٹمنٹ

I live in an apartment downtown.

میں شہر کے مرکز میں ایک اپارٹمنٹ میں رہتا ہوں۔

Room — کمرہ

My room is small but cozy.

میرا کمرہ چھوٹا ہے لیکن آرام دہ ہے۔

Kitchen — باورچی خانہ

The kitchen is next to the dining room.

کچن ڈائننگ روم کے ساتھ ہے۔

Bathroom — غسل خانہ

The bathroom is at the end of the hallway.

باتھ روم راہداری کے آخر میں ہے۔

Living room — بیٹھک

We spend a lot of time in the living room.

ہم رہنے کے کمرے میں بہت وقت گزارتے ہیں۔

Dining room — کھانے کا کمرہ

We eat dinner together in the dining room.

ہم کھانے کے کمرے میں اکٹھے کھانا کھاتے ہیں۔

Rooms and Spaces

Dining room   کھانے کا کمرہ

We eat dinner together in the dining room.

ہم کھانے کے کمرے میں اکٹھے کھانا کھاتے ہیں۔

Bedroom   سونے کا کمرہ

My bedroom has a big bed.

میرے سونے کے کمرے میں ایک بڑا بستر ہے۔

Hallway   راہداری

The hallway connects all the rooms.

راہداری تمام کمروں کو جوڑتی ہے۔

Garage   گیراج

We keep the car in the garage.

ہم گاڑی کو گیراج میں رکھتے ہیں۔

Garden   باغ

The garden has many beautiful flowers.

باغ میں بہت سے خوبصورت پھول ہیں۔

Terrace   چھت

We sunbathe on the terrace.

ہم چھت پر دھوپ لیتے ہیں۔

Rooms and Spaces

Terrace چھت

We sunbathe on the terrace.

ہم چھت پر دھوپ لیتے ہیں۔

Balcony بالکونی

The balcony has a nice view.

بالکونی کا منظر خوبصورت ہے۔

Stairs سیڑھیاں

The stairs lead to the second floor.

سیڑھیاں دوسرے فلور کی طرف لے جاتی ہیں۔

Roof چھت

The roof needs repair.

چھت کو مرمت کی ضرورت ہے۔

Wall دیوار

We will paint the wall in the living room.

ہم لاؤنج کی دیوار کو پینٹ کریں گے۔

Door دروازہ

Close the door when you leave, please.

باہر جاتے وقت دروازہ بند کریں، براہ کرم۔

Furniture and Household Items

Door — دروازہ

Close the door when you leave, please.

باہر جاتے وقت دروازہ بند کریں، براہ کرم۔

Window — کھڑکی

The window lets in a lot of natural light.

کھڑکی سے بہت زیادہ قدرتی روشنی آتی ہے۔

Bed — بستر

I have a very comfortable bed in my bedroom.

میرے بیڈروم میں ایک بہت آرام دہ بستر ہے۔

Table — میز

We put the dishes on the dining table.

ہم پلیٹیں کھانے کی میز پر رکھتے ہیں۔

Chair — کرسی

The chair is made of wood.

کرسی لکڑی کی ہے۔

Sofa — صوفہ

We sit on the sofa to watch TV.

ہم ٹی وی دیکھنے کے لئے صوفے پر بیٹھتے ہیں۔

Furniture and Household Items

Sofa — صوفہ

We sit on the sofa to watch TV.

ہم ٹی وی دیکھنے کے لئے صوفے پر بیٹھتے ہیں۔

Wardrobe — الماری

The closet has room for all my clothes.

الماری میں میری تمام کپڑوں کے لئے جگہ ہے۔

Mirror — آئینہ

The mirror is above the sink.

آئینہ سنک کے اوپر ہے۔

Shelf — شیلف

The books are on the shelf.

کتابیں شیلف پر ہیں۔

Lamp — لیمپ

The lamp lights up the whole room.

لیمپ پورے کمرے کو روشن کرتا ہے۔

Carpet — قالین

The rug is soft and colorful.

قالین نرم اور رنگین ہے۔

Furniture and Household Items

Carpet — قالین

The rug is soft and colorful.

قالین نرم اور رنگین ہے۔

Curtain — پردہ

The curtains are blue.

پردے نیلے ہیں۔

Painting — تصویر

There is a beautiful painting on the wall.

دیوار پر ایک خوبصورت تصویر ہے۔

Television — ٹی وی

We watch a movie on the television.

ہم ٹی وی پر ایک فلم دیکھتے ہیں۔

Desk — ڈیسک

I use the desk to study.

میں مطالعہ کے لئے اپنی میز استعمال کرتا ہوں۔

Washing machine — واشنگ مشین

The washing machine is in the laundry room.

واشنگ مشین لانڈری روم میں ہے۔

Kitchen Items

Washing machine — واشنگ مشین

The washing machine is in the laundry room.

واشنگ مشین لانڈری روم میں ہے۔

Refrigerator — فریج

The refrigerator has space for a lot of food.

فریج میں بہت سا کھانا رکھنے کی جگہ ہے۔

Dishwasher — ڈش واشر

We use the dishwasher to wash the dishes.

ہم برتن دھونے کے لئے ڈش واشر استعمال کرتے ہیں۔

Plate — پلیٹ

I put the plate on the table for dinner.

میں کھانے کے لئے پلیٹ کو میز پر رکھتا ہوں۔

Glass — گلاس

I need a glass of water, please.

مجھے پانی کا ایک گلاس چاہئے، براہ کرم۔

Cup — مگ

I drink my coffee in a large cup.

میں اپنا کافی ایک بڑے کپ میں پیتا ہوں۔

Kitchen Items

Cup — مگ

I drink my coffee in a large cup.

میں اپنا کافی ایک بڑے کپ میں پیتا ہوں۔

Spoon — چمچ

Soup is eaten with a spoon.

سوپ کو چمچ سے کھایا جاتا ہے۔

Fork — کانٹا

Use the fork for the salad.

سلاد کے لئے کانٹا استعمال کریں۔

Knife — چاقو

The knife is very sharp.

چھری بہت تیز ہے۔

Frying pan — فرائنگ پین

We fry the eggs in the frying pan.

ہم انڈے کو فرائنگ پین میں تلتے ہیں۔

Pot — دیگچی

The pot is big and perfect for pasta.

برتن بڑا ہے اور پاستا کے لئے بہترین ہے۔

Kitchen Items

Pot — دیگچی

The pot is big and perfect for pasta.

برتن بڑا ہے اور پاستا کے لئے بہترین ہے۔

Microwave — مائکروویو

I heat up the food in the microwave.

میں مائکروویو میں کھانا گرم کرتا ہوں۔

Oven — اوون

We bake cookies in the oven.

ہم اوون میں کوکیز پکاتے ہیں۔

Refrigerator — فریج

The fridge is full of fruits and vegetables.

فریج پھلوں اور سبزیوں سے بھرا ہوا ہے۔

Sink — سنک

I wash the dishes in the sink.

میں سنک میں برتن دھوتا ہوں۔

Stove — چولہا

The stove has four burners.

چولہے میں چار برنر ہیں۔

Household Appliances

Stove   چولہا

The stove has four burners.

چولہے میں چار برنر ہیں۔

Vacuum cleaner   ویکیوم

I vacuum the entire house.

میں پورے گھر میں ویکیوم کلینر چلاتا ہوں۔

Iron (for clothes)   استری

I use the iron to smooth my clothes.

میں اپنے کپڑے استری کرنے کے لئے آئرن استعمال کرتا ہوں۔

Fan   پنکھا

The fan is on because it's hot.

پنکھا آن ہے کیونکہ موسم گرم ہے۔

Heating   حرارت

In winter, we turn on the heating.

سردیوں میں ہم ہیٹر آن کرتے ہیں۔

Air conditioning   ایئر کنڈیشنر

The air conditioner cools the room quickly.

ایئر کنڈیشنر کمرے کو جلدی ٹھنڈا کر دیتا ہے۔

Common Household Items

Air conditioning ایئر کنڈیشنر

The air conditioner cools the room quickly.

ایئر کنڈیشنر کمرے کو جلدی ٹھنڈا کر دیتا ہے۔

Towel تولیہ

I need a towel after taking a shower.

مجھے نہانے کے بعد تولیہ چاہیے۔

Sheet چادر

We change the bed sheets every week.

ہم ہر ہفتے بستر کی چادریں تبدیل کرتے ہیں۔

Pillow تکیہ

I sleep with a soft pillow.

میں ایک نرم تکیہ کے ساتھ سوتا ہوں۔

Tablecloth دستر خوان

We set the tablecloth before eating.

کھانے سے پہلے دستر خوان بچھاتے ہیں۔

Clothes کپڑے

I have a lot of clothes in the closet.

میرے پاس الماری میں بہت سارے کپڑے ہیں۔

Common Household Items

Clothes   کپڑے

I have a lot of clothes in the closet.

میرے پاس الماری میں بہت سارے کپڑے ہیں۔

Coat rack   کوٹ ریک

Hang your coat on the coat rack.

اپنا کوٹ ہینگر پر لٹکا دیں۔

Clock   گھڑی

The clock shows eight o'clock.

گھڑی آٹھ بجے کا وقت دکھا رہی ہے۔

Trash   کچرا

Take out the trash, please.

براہ کرم، کوڑا باہر نکالیں۔

Broom   جھاڑو

Sweep the floor with the broom.

جھاڑو سے فرش کو صاف کریں۔

Cloth / Rag   کپڑا

I clean the table with a damp cloth.

میں گیلے کپڑے سے میز صاف کرتا ہوں۔

Weather Conditions

Cloth / Rag   کپڑا

I clean the table with a damp cloth.

میں گیلے کپڑے سے میز صاف کرتا ہوں۔

Summer   گرمی

I like going to the beach in summer.

مجھے گرمیوں میں ساحل سمندر پر جانا پسند ہے۔

Autumn/Fall   خزاں

The leaves fall in autumn.

خزاں میں پتے گرتے ہیں۔

Winter   سردی

In winter, the temperature is very low.

سردیوں میں درجہ حرارت بہت کم ہوتا ہے۔

Spring   بہار

Spring brings flowers and nice weather.

بہار پھول اور اچھا موسم لاتی ہے۔

It's sunny   دھوپ ہے

It's sunny today, and we can go to the park.

آج دھوپ ہے اور ہم پارک جا سکتے ہیں۔

Weather Conditions

It's sunny   دھوپ ہے

It's sunny today, and we can go to the park.

آج دھوپ ہے اور ہم پارک جا سکتے ہیں۔

It's hot   گرمی ہے

It's always hot here in the summer.

گرمیوں میں یہاں ہمیشہ گرمی ہوتی ہے۔

It's cold   سردی ہے

It's very cold in winter.

سردیوں میں بہت سردی ہوتی ہے۔

It's windy   ہوا چل رہی ہے

It's very windy on the coast today.

آج ساحل پر بہت تیز ہوا ہے۔

It's cloudy   بادل ہیں

It's cloudy it looks like it might rain.

بادل ہیں، لگتا ہے بارش ہونے والی ہے۔

It's raining   بارش ہو رہی ہے

It's raining, so bring an umbrella.

بارش ہو رہی ہے، اس لئے ایک چھتری لے لیں۔

www.ingramcontent.com/pod-product-compliance
Lightning Source LLC
LaVergne TN
LVHW081142171224
PP18499200006B/15